Mein besonderer Dank geht an Hannes und alle Leute,
die die Gärtnerei ausmachen.
Ohne euch würde es dieses Buch gar nicht geben.

Danke auch an Korbinian für die »Erfindung« der
Kuschelgurke, an Anna für ihre Kindheitserinnerungen
und an Liesbeth fürs Anleitungen-Testen.

Dieses Buch erscheint in der Edition NILPFERD.

Edition NILPFERD

www.nilpferd.at
www.ggverlag.at

ISBN 978-3-7074-5247-1

In der aktuell gültigen Rechtschreibung
Hergestellt in Europa
Papier aus verantwortungsvoll bewirtschafteten Quellen.

1. Auflage 2021

Text und Illustration: Miro Poferl
Grafische Gestaltung und Satz: studioback.at / Annett Stolarski
Gesamtherstellung: Imprint, Ljubljana
Die Edition NILPFERD erscheint im G&G Verlag.

G&G
Gut für Ihr Kind
Gut für die Umwelt
Farben auf Pflanzenölbasis
Lösungsmittelfreie Klebstoffe
Gedruckt auf FSC-Papier
Hergestellt in Europa

Miro Poferl

RADIESCHEN MAUS UND Kuschelgurke

Geschichten
aus der Gärtnerei

Edition
NILPFERD

INHALT

Plus
9 MITMACH-TIPPS

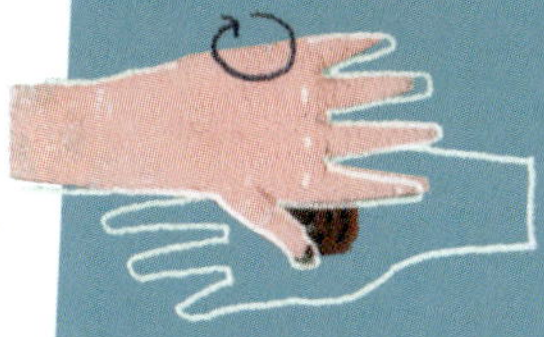

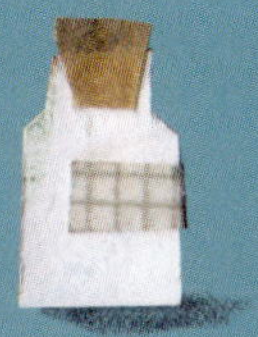

DER LAGEPLAN

Was bei uns wo ist

Hier geht's zum See

Die Malerei, da arbeitet die Mama

Ein Feld ...
... und noch ein Feld

Felder, auf denen das Gemüse draußen wächst, nennen wir Freiland

Unser LAGERfeuer-Platz

Traktor

Klettereiche

Der Steg am Bach

Unser HAUS

Im Gewächshaus für Jungpflanzen werden neue Pflänzchen großgezogen.

Briefkasten

Hier geht's zur Schule

Hier wohnt unser Nachbar, der Herr Freundl

Ein Gewächshaus ...
... und noch drei Gewächshäuser

... und noch ein Feld

In den Gewächshäusern ist es wärmer als draußen. Deswegen wächst das Gemüse hier schneller.

Waschraum (für's Gemüse)

Werkstatt und Lager

Im Erdlager wird frische Erde gelagert

Zum Verkaufen wird das Gemüse in Kisten gepackt

In der Kühlung wird das Gemüse frisch gehalten, bis es verkauft wird

Unser KOMPOST ist RIESIG!

Gärtnerei

Bus zum Liefern und für den Markt

PAPA MACHT ALLES SCHMUTZIG

Kennst du eigentlich schon den Josef?

Der ist mein kleiner Bruder. Mit ihm wohne ich in einem Haus und manchmal sogar in einem Zimmer! Im Sommer kommt nämlich immer der Oleg zu uns, und der wohnt dann in Josefs Zimmer. Und der Josef zieht zu mir.

Mama und Papa und Mizzie wohnen auch noch bei uns im Haus. Also, Mizzie nur so halb, die ist auch viel draußen und streunt über die Wiesen und Felder. Obwohl – dann müsste der Josef eigentlich auch nur halb zählen ...

Hinter unserem Haus stehen noch ganz viele andere Häuser, aber da wohnen keine Menschen drin, sondern Pflanzen. Also, genauer gesagt: Gemüse.

Das kommt von Papas Beruf: Gemüse anbauen. Das nennt man dann Gärtnerei.

Also, die Häuser und das, was der Papa macht.

Und ein kleines Häuschen gibt es auch noch für Mamas Beruf: Bilder malen.

Das nennen der Josef und ich die Malerei.

Du siehst schon: Bei uns gibt es ganz viele Häuser, obwohl wir nicht in der Stadt wohnen.

Und auch nicht in einem Dorf.

Wir wohnen da, wo sich Fuchs und Hase gute Nacht sagen, sagt Mama immer.

Am Arsch der Welt, sagt Marta, Mamas Freundin.

Arsch sagt man aber nicht, sondern Popo. Sage ich.

HALLO!

GUTE Nacht!

NACHT.

Also, Hasen sieht man hier öfter. Und einen Fuchs haben wir sogar auch schon gesehen, als wir im Sommer mal ganz spät heimgefahren sind. Aber den Popo der Welt hab ich hier noch nie gesehen. Und der Josef auch nicht.

Wie soll der überhaupt ausschauen, frage ich mich …

Heute Nacht hat es richtig geschüttet, und draußen ist alles voller Matsch. Deswegen hat die Mama heute früh für den Josef und mich Gummistiefelpflicht eingeführt. Das bedeutet: Gummistiefel vor dem Haus anziehen und wieder vor dem Haus ausziehen, wenn man zurückkommt. Nur die Mizzie hält sich nicht dran und hat gleich mal eine dicke, fette Spur von Matschpfoten auf dem Fußboden hinterlassen. Da hat der Papa sehr geschimpft, während er alles wieder weggewischt hat.

Auf dem Weg von der Schule nach Hause haben der Josef und ich die Gummistiefelpflicht so richtig ausgenützt und sind in jede Pfütze gesprungen, die es gab. Und es gab richtig viele! Und wegen der Gummistiefelpflicht sind wir auch noch einen Teil des Weges im Bach gelaufen. Das ist der kleine Bach, der von uns zu Hause bis zur Schule fließt.
Wir sind die Böschung runtergeklettert und von Stein zu Stein gesprungen, und der Josef ist nicht nur einmal danebengesprungen. Das hat vielleicht gespritzt! Aber da waren wir dann schon fast daheim. Als wir die Türklinke runterdrücken, ruft die Mama sofort »Schuhe aus!«, weil sie ja von der Küche aus nicht sehen kann, dass wir natürlich schon längst dran gedacht haben und die Gummistiefel super-1-A vor der Haustüre stehen. Es riecht nach Milchreis, und weil der Josef

Wieviel REGNET es,
wenn es so richtig
SCHÜTTET?

Werde Regenforscher*in
und finde es heraus!

und ich Milchreis lieben, laufen wir schnurstracks in die Küche und setzen uns an den Tisch. Da hört man von draußen auch den Papa kommen. Er telefoniert und redet und redet und redet und öffnet die Haustür und redet und sagt tschüss und legt auf und steht in seinen dreckigen Gummistiefeln mitten in der Küche und schaut an sich runter und sagt nur kurz: **»OHA«**.

Seine Hose hat an beiden Knien eine dicke Matschschicht, die auf den Boden tropft, wo sich ohnehin schon eine Pfütze von Regenwasser gebildet hat. Wir schauen den Papa an und schauen seine dicke fette Matschstiefelspur an, die von ihm bis zur Tür reicht, und der Josef ruft: »Papa! Gummistiefelauszieh-pflicht!« Wir müssen alle vier lachen, und der Papa wischt zum zweiten Mal heute den Boden. »Für Gärtner besteht ab jetzt bei Regenwetter generelle Ausziehpflicht«, findet Mama.

! **Merke** Wir wohnen zwar nicht am Popo der Welt, aber es kann durchaus vorkommen, dass bei uns jemand in Unterhosen Mittag isst.

EINEN REGENMESSER BAUEN

DU BRAUCHST

- 1 zylindrisches Glas* mit flachem Boden
- 1 Lineal
- 1 wasserfesten Folienstift

Ob es gerade regnet oder die Sonne scheint, merkt man schnell. Aber wie viel es genau geregnet hat, weiß man erst, wenn man einen Regenmesser hat. Hast du Lust, Regenforscher*in zu werden? Dann gibt es hier eine einfache Anleitung!

1

* Die Öffnung ist genauso groß wie der Boden

Zeichne dir anhand des Lineals mit dem Folienstift eine Skala in Millimetern und Zentimetern auf das Glas.

2

Stelle das offene Glas nach draußen, an eine ruhige Stelle. Es soll nicht unter einem Baum oder Dach stehen.

3

Schaue jeden Tag zur selben Uhrzeit nach, wie viel Wasser im Glas ist, und leere es danach aus.

UND WAS HEISST DAS JETZT?

Gärtner*innen messen mit einem Regenmesser, wie viel Wasser die Pflanzen schon bekommen haben und ob man noch zusätzlich gießen muss. 1 Millimeter Wasser im Regenmesser bedeutet, dass es einen Liter pro Quadratmeter geregnet hat. Bei 20 Litern ist für eine Woche genug Wasser im Boden gespeichert. Mehr als 30 Liter pro m² am Tag sind zu viel, auf Dauer kann es da zu Überschwemmungen kommen.

REGEN? WO?

BEI MIR REGNET'S VIEL MEHR!

WOCHE 42
MO 1mm
DI —
MI 3mm
DO 5mm
FR —
SA —
SO —

4

Vielleicht führst du ein Regentagebuch und vergleichst deine Einträge mit Freund*innen. Oft regnet es schon im nächsten Dorf mehr oder weniger stark.

APRIL, APRIL

Jetzt will ich auch mal was sagen. Nicht, dass die Alma hier alles alleine erzählt. Also, die Alma ist meine große Schwester. Und ich bin der Josef, ihr kleiner Bruder. Das wisst ihr ja schon. Aber wisst ihr auch, was mein Lieblingsgemüse ist? Im Frühling auf jeden Fall Radieschen!

Die sind so schön rot und frisch und ganz anders als das Wintergemüse. Wenn man in ein Radieschen reinbeißt, fühlt man sich endlich so richtig frühlinglich, finde ich. Und die Oma hat uns mal gezeigt, wie man aus einem Radieschen eine kleine Maus schnitzen kann. Das sieht soooo witzig aus – deswegen mag ich Radieschen gleich noch viel lieber!

Als die Alma und ich aus der Schule heimgekommen sind, lagen ein paar frische Radieschen auf dem Tisch, die der Papa für uns reingebracht hatte.

Und weil heute der erste April war, ist mir da eine großartige Idee gekommen. Ich hab der Alma meinen Plan ins Ohr geflüstert: »Wir schnitzen jetzt aus den Radieschen Radieschen-Mäuse, und dann verstecken wir sie in der Kühlung.«

Die Alma hat mich angegrinst und genickt: »Und dann sagen wir dem Papa, dass in der Kühlung Mäuse sind!«

Wir wussten beide, wie sehr sich der Papa über die Mäuse ärgert, die ihm seine Pflänzchen und das Gemüse auffressen. »Und das ist noch nicht mal gelogen, weil dann ja wirklich Mäuse in der Kühlung sind«, hat sich auch die Alma gefreut.

»JAAAAA! Radiiiiieschen-Mäuse!«,

haben wir beide geschrien und uns an den Händen genommen und ganz fest geschüttelt.

Die Kühlung ist ein Kühlschrank, der so groß ist wie ein ganzes Zimmer. Hier wird das geerntete Gemüse gelagert. In der Kühlung hat es immer ungefähr 6°C, sonst wird's den Kartoffeln zu kalt.

Schnell haben wir uns Messer und Brettchen geholt und angefangen, kleine Ohren und Augen in die Radieschen zu schnitzen. Ratzfatz waren auch die Nasen fertig. Um das Schwänzchen braucht man sich eh nicht kümmern, das hat das Radieschen schon von ganz alleine.

Dann sind wir mit unseren Mäusen ganz unauffällig zur Kühlung geschlendert und haben uns beim Reingehen nochmal umgeschaut, dass uns auch ja niemand sieht. Für die erste Maus haben wir einen guten Platz direkt auf den Kisten mit dem frischen Spinat gefunden, die zweite haben wir zu den Kartoffeln gesetzt und die dritte zum Kohl.

Auf Zehenspitzen sind wir wieder rausgeschlichen und haben uns auf die Suche nach dem Papa gemacht.

Der war auch schnell zu finden, weil er im Gewächshaus die neuen Pflänzchen gegossen hat. »Papa, du musst ganz schnell kommen!«, hat die Alma gerufen. »In der Kühlung sind mindestens drei Mäuse!« »Ja, die fressen alles auf!«, hab ich aufgeregt hinzugefügt.

PA
PA!

Da sind Papas Augen erst ganz groß geworden und dann ganz klein und er hat den Wasserhahn abgedreht und gesagt: »Diese Biester, die haben mir dieses Jahr schon so viel weggefressen, jetzt müssen die sich nicht auch noch in der Kühlung rumtreiben! Wo ist die Mizzie? Die darf das jetzt gleich erledigen!« Und tatsächlich ist die Mizzie genau in dem Moment um die Ecke spaziert. Der Papa hat sie unter den Arm genommen und geflüstert:

»Die schnappst du dir, Tiger!«

Die Alma und ich mussten die Luft anhalten, damit wir nicht laut loslachen, und sind den beiden hinterhergelaufen.

Der Papa hat die Mizzie in der Kühlung runtergelassen und ihr nochmal über den Kopf gestreichelt. Seine Augen haben den ganzen Raum abgesucht.

Ich glaub, ich hab gesehen, dass sie dreimal aufgeblitzt haben.

Keiner hat sich bewegt, und es war ganz still. Nur die Mizzie hat es sich neben einem Kartoffelsack gemütlich gemacht. »Mizzie! Du darfst uns doch nicht verraten!!! Tu wenigstens so, als würdest du ein paar Mäuse schnuppern!«

Die Alma und ich haben ihr einen verzweifelten Blick zugeworfen.

Doch dann ging alles ganz schnell:

Der Papa ist in einem Satz zum Spinat gesprungen und hat die Spinat-Radieschen-Maus mit einem Happs verschlungen, dann hat er sich Richtung Kohlkisten umgedreht und sich die Kohl-Radieschen-Maus einfach in den Mund geworfen. Kurz hat er gekaut, und **ZACK!** macht er einen Sprung zu den Kartoffeln, packt die Radieschen-Maus dort direkt mit den Zähnen und kaut genüsslich weiter. Die Alma und ich waren wie versteinert, ich glaub, wir haben nicht mal mehr geatmet.

Aber als sich der Papa dann die Mizzie gegriffen hat, sich mit der Zunge über die Lippen geschleckt und die Mizzie näher und näher zu seinem weit aufge-rissenen Mund gehoben hat, sind wir plötzlich wieder zum Leben erwacht.

Wir haben ganz laut geschrien: »Papa! Stopp! Das ist keine Maus, das ist doch die Mizzie!«

Da hat uns der Papa angegrinst und die Mizzie sanft an seine Brust gedrückt und gekrault und war auf einmal wieder der normale Papa.

Ich war zuerst total erleichtert, aber dann war ich auch ein bisschen wütend.

Der Papa wollte die Mizzie gar nicht essen, der Papa hat einfach einen April-scherz mitten in unseren Aprilscherz hinein gemacht!

Die Alma und ich haben uns angeschaut, und dann sind wir auf den Papa los-gestürzt und haben ihn geboxt und ganz fies gekitzelt, und er hat uns auch gekitzelt, und dabei haben wir alle drei die ganze Zeit geschrien: »April, April!«

MERKE Maus will man in der Gärtnerei nicht sein, aber als Mizzie hat man es ziemlich gut.

RADIESCHEN-MÄUSE SCHNITZEN

TIPP **2**

DU BRAUCHST

- 1 Brett
- 1 Bund Radieschen
- 1 kleines Messer
- Pfefferkörner
- 1 Schachtel Kresse

So kannst du ganz einfach die Radieschenmäuse nachmachen. Man MUSS damit ja niemanden in den April schicken.

1

Zuerst das Radieschen auf einer Seite gerade abschneiden, sodass es gut stehen kann. Die Blätter abschneiden, aber ein »Schnäuzchen« stehen lassen.

2

Zwei Schlitze für die Ohren oben am »Kopf« einschneiden.

3

Ein anderes Radieschen in dünne Scheiben schneiden. Das werden die Ohren!

4

Nun zwei »Ohren« in jedes Radieschen stecken!

5

Für die Augen mit der Messerspitze zwei Löcher bohren und in jedes Loch ein Pfefferkorn drücken.

PIEPS!

Die Mäuse schauen gut in einer Kresseschachtel aus. Oder auf dem Käsebrett zum Abendessen!

WAS BRAUCHEN PROFIS ZUM GÄRTNERN?

Bis aus einem Samenkorn eine Pflanze gewachsen ist und die Früchte so groß sind, dass die Gärtnerei sie verkaufen kann, ist ganz schön viel zu tun. Was die Gärtner*innen alles brauchen, um ihre Arbeit zu erledigen, seht ihr hier:

Grundlage

Ohne diese drei Dinge geht sowieso nichts: Erde, Wasser und Licht. Pflanzen brauchen sie zum Leben. Fehlt etwas davon, wird die Pflanze krank oder stirbt sogar.

Erde

Der Boden, auf dem Pflanzen wachsen, besteht aus Erde. Sie bietet ihnen Nahrung und Halt. Für die Pflänzchenzucht wird in der Gärtnerei auch frische Erde gekauft, die nennt man Substrat.

PFERDE äpfel

Samen

Anfang des Jahres werden die ersten kleinen Pflänzchen aus Samenkörnern gezogen. Die Samen dafür gewinnen die Gärtner*innen im Herbst aus reifen Früchten (siehe Tipp 7 auf Seite 51) oder kaufen sie zu.

Dünger

Damit die Pflanzen gut wachsen können, brauchen sie genug Nährstoffe im Boden. Fehlen die, kann man den Boden z.B. mit Mist oder Kompost düngen.

Schnüre

Manche Pflanzen, z.B. Tomaten oder Bohnen, wachsen an Schnüren entlang nach oben. Die Gärtner*innen knoten die Schnüre extra dafür am Gewächshaus fest.

Töpfchen

Wenn die Gärtner*innen neue Pflänzchen ziehen, stecken sie die Samen in ganz kleine Töpfchen mit Erde. Erst später werden die Pflanzen dann in den Boden – draußen oder im Gewächshaus – gesetzt.

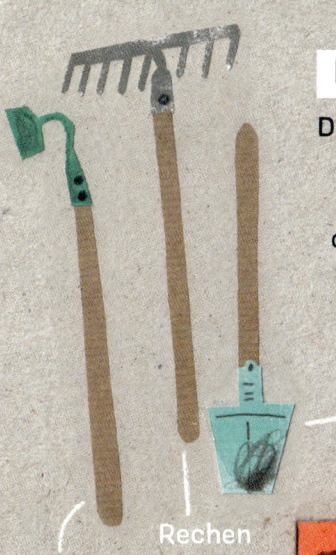

Hacke, Spaten und Rechen

Die Hacke ist ein Werkzeug, mit dem das Unkraut entfernt wird. Den Spaten verwendet man, um den Boden umzugraben und somit lockerer zu machen. Und mit dem Rechen wird die Erde nach dem Umgraben wieder glatt gezogen.

Spaten

Rechen

Hacke

PLATZ für ganz viele KISTEN

Schubkarren

Mit einem sehr großen Schubkarren, auf den viele Gemüsekisten passen, holen die Gärtner*innen das geerntete Gemüse von den Feldern.

Traktor

Ein Traktor kann mit unterschiedlichen Werkzeugen das Feld bearbeiten, z.B. pflügen, hacken oder Dinge transportieren, die für einen Menschen viel zu schwer wären.

Schlauch

Mithilfe eines Gartenschlauchs werden die jungen Pflänzchen ganz vorsichtig mit einem feinen Wasserregen gegossen. Und Gemüse, das sehr erdig ist, wird vor dem Verkauf abgespritzt.

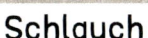

Kisten

In grünen Kisten wird das Gemüse an den Großhandel geliefert oder auf den Markt gefahren. Die Kisten kosten Pfand und werden immer wieder verwendet.

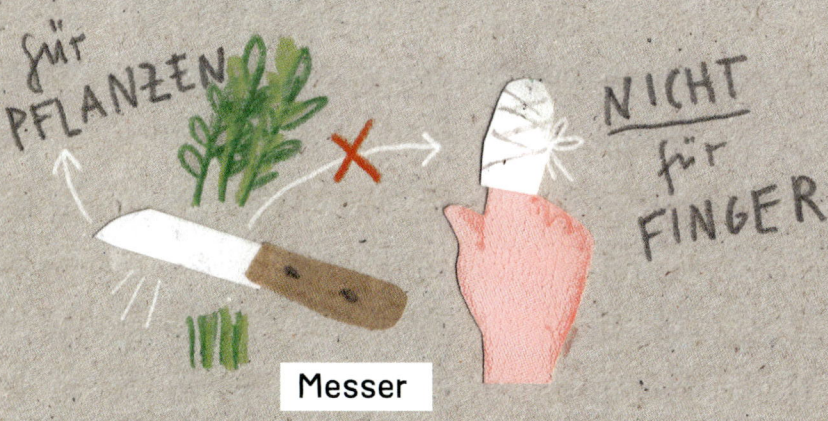

für PFLANZEN

NICHT für FINGER

Messer

Mit ihren Messern ernten die Gärtner*innen Gemüse und Kräuter. Die Messer sind sehr scharf, und man muss gut auf die Finger aufpassen. Trotzdem tragen die Gärtner*innen ihr Messer in einer speziellen Hosentasche, seitlich an der Hose.

Waage

Bevor das Gemüse für den Verkauf in Kisten verpackt wird, wird es gewogen. So wissen die Gärtner*innen genau, wie viel sie verkaufen.

00,513 KG
01,48 €

← echte ÄPFEL

21

Aus GURKENpflänzchen werden GURKEN

GURKEN IM ATELIER

Dass ich mich im Frühling am meisten über Schlammpfützen und Radies-chen freue, wisst ihr ja schon. Aber dieses Jahr will ich unbedingt Kaul-quappen dabei zuschauen, wie sie zu Fröschen werden. Nur gefunden hab ich noch keine.

Die Alma mag den Frühling auch gerne, weil man da endlich wieder Rad fahren kann. Außer die Reifen sind platt. **Und ihre Reifen sind platt.**

Also sind wir zur Mama gegangen, weil die gut Kaulquappen finden und Fahr-radreifen flicken kann. Eigentlich. Aber genau heute konnte sie nicht.

Als wir sie gefragt haben, hat sie zu uns gesagt, dass sie soooo viel zu tun hat. Und dass sie, wenn wir in der Schule sind, ruck, zuck in die Malerei muss und da auch den ganzen Nachmittag bleiben wird, damit sie endlich mal voran-kommt mit ihrem Auftrag. Und Kaulquappen und Fahrrad-Reparieren müssen leider bis übermorgen warten.

Nur Papas Wunsch ging in Erfüllung. Der Papa hatte nämlich gefragt, ob er ein paar Kästen mit Gurken-Pflänzchen zur Mama in die Malerei stellen könnte. Weil da wäre es schön warm und hell, und das wäre genau das Richtige für so kleine Gurken, und es würde ihm total helfen. Da hat die Mama gelächelt und genickt:

»OK, das mit den Gurken ist kein Problem. Dann habe ich endlich auch mal Mitarbeiter. Die könnte ich grad gut gebrauchen...«

Dass es für uns mit Kaulquappen-Suchen und Radfahren nichts wird, fanden wir richtig blöd.

Und weil ich eben am liebsten Kaulquappen beobachtet hätte und die Alma am liebsten Fahrrad gefahren wäre, ist uns so gar nichts anderes eingefallen, was wir machen könnten. Und so haben wir eine Zeit lang einfach nichts gemacht. Aber nichts machen ist nicht so unser Ding.

Da sind uns die neuen Mitarbeiter von der Mama wieder eingefallen.

Die wollten wir jetzt doch mal sehen und schauen, was die schon so alles gearbeitet hatten.

Wir sind also schnurstracks zur Malerei rübergelaufen und haben die Köpfe zur Tür reingesteckt. Die Mama saß an ihrem Arbeitstisch, wie immer.

Auf der anderen Seite des Ateliers standen die drei Kisten mit den Gurken-Pflänzchen. Aber die hatten auch noch nichts gemacht – genau wie wir!

»So können sie dir doch gar nicht helfen!«, hat Alma gerufen.

»Die brauchen doch Pinsel und Stifte und Papier!«

»Ja, genau!«, hab ich eingestimmt. »Mama, wir basteln deinen Mitarbeitern Malsachen, und dann bist du ganz schnell fertig mit deiner Arbeit!«

Mama war erst nicht so begeistert, dabei war doch total klar, dass das eine super Idee war! Sie hat uns dann aber doch Papier und Schere und Stifte gegeben und gesagt, wenn wir ganz leise sind, können wir bleiben.

Wir waren wirklich ganz leise. Nach und nach haben wir für fast alle Gurken-Pflänzchen Pinsel und Stifte
und Papierblätter gebastelt
und vor ihnen hingestellt.

Und aus KAULQUAPPEN werden FRÖSCHE

Nur gemalt haben die trotzdem nichts!

Das war ein bisschen enttäuschend. Die waren ja
wirklich zu gar nichts zu gebrauchen ... Also haben wir
auch noch die Bilder für die Mitarbeiter gemalt!
»Wenn man nicht alles selber macht«, sagt der Opa immer, und jetzt
weiß ich, dass er damit Gurken-Pflänzchen meint.
Und was haben wir auf die Bilder der Mitarbeiter gemalt? Erst hab ich es mit
Alma, Mama und Mizzie probiert, aber die haben sich dauernd bewegt. Irgend-
wann hatte ich fünf halbe Mizzies, drei Mama-Hände und zwei Alma-Köpfe auf
einem Papier. Da waren die Mitarbeiter schon einfacher abzumalen, weil die
haben ja einfach – nichts gemacht!

! MERKE #1: Gurken können zwar nicht malen,
halten aber schön still, wenn man sie abmalen will.

Später hat uns der Papa abgeholt, hat mit uns die Räder frühlings-fit gemacht,
und so bin ich dann doch noch zu den Kaulquappen gekommen.

! MERKE #2: Nichts zu machen
ist auch nicht so Papas Ding.

Willst du auch mal ein Pflänzchen
großziehen? Eine Anleitung
findest du auf der nächsten Seite!

BIENEN-BLUMEN ZIEHEN

Hast du Lust, selber mal ein Pflänzchen zu ziehen? Das heißt, ein Samenkorn in die Erde zu stecken und zuzusehen, wie es zur Pflanze wird. Das geht mit Gemüse, aber auch mit Blumen. Zum Beispiel Blumen, die Bienen zum Honigmachen brauchen. Samentütchen in Bio-Qualität bekommt man z.B. in der Drogerie oder im Gartencenter.

DU BRAUCHST

- mehrere Blumentöpfe
- Blumenerde
- Samen, z.B. Ringelblume, Bienenfreund, Sonnenblume oder Kornblume
- 1 Gießkanne
- Platz auf dem Fensterbrett oder draußen

1 Erde auf die Töpfe verteilen, bis ca. 4 cm unter dem Rand.

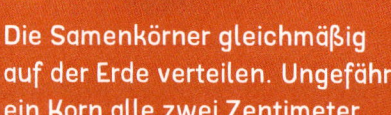

2 Die Samenkörner gleichmäßig auf der Erde verteilen. Ungefähr ein Korn alle zwei Zentimeter.

3 Noch mal ca. zwei Zentimeter Erde auf die Samen geben und ein bisschen festdrücken.

4 Jetzt noch gießen – und dann heißt es warten!

mmmhm lecker!

UND DIE BIENEN FREUEN SICH!

Wenn du regelmäßig gießt, werden die Pflänzchen in den nächsten Tagen und Wochen langsam größer und größer werden.

Im SOMMER müssen Gärtner FRÜH aufstehen

GEMÜSE-DRAMA

Vom Papa haben wir euch ja jetzt einiges erzählt. Dass er meistens voller Erde ist, dass er keine Mäuse mag, die Mizzie dafür aber sehr. Das wisst ihr alles schon!

Wisst ihr aber auch, wie viel er im Sommer arbeitet? Ich glaube, noch nicht. Das liegt daran, dass das Gemüse am besten im Sommer wächst. Wegen der vielen Sonne. Deswegen stehen die Gärtner schon bei Sonnenaufgang auf und fangen an zu arbeiten. Genau wie ihr Gemüse.

Und als Gärtner-Kind ist das manchmal gar nicht witzig.

Einmal haben wir Ferien gehabt, und der Josef und ich haben lange ausgeschlafen. Als wir wach waren, ist der Josef raus zum Papa gelaufen und hat ihn gefragt, ob er mit ihm auf die alte Eiche klettert, aber der Papa hat gesagt: »Nein, Josef, ich kann jetzt nicht, ich muss erst mal die Gurken gießen und die Häuser lüften.«

So ist der Josef allein zur Eiche gelaufen und ein bisschen drin rumgeklettert. Aber lange hat es nicht gedauert, da ist der Josef wieder zum Papa gegangen und hat ihn gefragt, ob er mit ihm ein Labyrinth aus den Kisten bauen kann. Der Papa hat gesagt: »Nein, Josef, das kann ich jetzt nicht, ich muss erst die Zucchini ernten und dann die Bohnen aufbinden. Frag doch die Alma, ob sie mit dir ein Labyrinth baut!«

Der Josef hat mich dann auch gefragt, aber so richtig Spaß hat es ihm nicht gemacht. Bald hatte er keine Lust mehr. Er wollte jetzt Karten spielen.

Aber weil das zu zweit nicht so lustig ist, ist er wieder zum Papa gelaufen und hat ihn gefragt, ob er nicht mitspielen kann.

Der Papa ist ungeduldig geworden: »Sag mal, Josef, verstehst du nicht, dass ich jede Menge Arbeit habe? Der Oleg kommt gleich mit den Karotten vom Feld, die müssen gewaschen werden, die Petersilie hat Läuse, da muss ich zur Schädlingskontrolle, und die Tomaten muss ich auch noch pflegen! Du kannst dich doch wohl mal selber beschäftigen, ich bin doch hier nicht im Kindergarten!«

Da hat der Josef auf den Boden gestampft und hat geschrien: »Immer nur das doofe Gemüse! Ich wünschte, ich wäre auch Gemüse, dann hättest du endlich mal Zeit für mich!« Ärgerlich hat er gegen eine Kiste getreten und die Arme vor der Brust verschränkt. Und ich glaub, ich hab eine kleine Träne über seine Backe kullern sehen.

Langsam hat der Papa die Schnüre, die er in der Hand hatte, weggelegt und sich zum Josef runtergebeugt. »Du willst also mal Gemüse sein?«, hat er gefragt. »Dann komm mal her, mein kleines Gemüse!« Er hat den Josef an den Händen genommen und zu sich hergezogen.

»Als Erstes wirst du mal gelüftet« Der Papa hat den Josef durch die Luft gewirbelt, dass der nur so gequietscht hat. Und dann hat er ihn auf sein Knie gesetzt und streng gesagt: »Jetzt kommt die Schädlingskontrolle!« Er hat angefangen, dem Josef durch die Haare zu wuscheln, und so getan, als würde er nach Läusen suchen. »Und dreckig bist du, mein Gemüse!«, hat er gerufen.

Er hat Josefs Fuß hochgehoben und mit dem Wasserschlauch abgespritzt.

Der Josef hat gegluckst vor Lachen, als der Papa auch noch mit den Fingern zwischen Josefs Zehen nach Erdkrümeln gesucht hat. »So, und gepflegt willst du auch werden? Dann schauen wir mal, was da zu tun ist!«, hat der Papa gesagt, den Josef vor sich hingestellt und von oben bis unten kritisch angeschaut. Wie ein Forscher. Und dann hat er an dem einen Arm ein bisschen gezogen und den anderen Arm kräftig geschüttelt und hier ein bisschen geklopft und den Rücken ein bisschen gekrault. Und der Josef hat die Augen zugemacht und seinen Kopf an Papas Seite gelehnt und selig gegrinst.

Einen Moment sind die beiden einfach nur so dagestanden, und ich glaub, der Josef war sehr glücklich.

»Und jetzt, mein kleines Gemüse, wirst du verkauft!«

Mit einem Schwung hat der Papa den Josef in eine leere, grüne Kiste gesetzt. »Der Oleg fährt morgen eh auf den Markt!«, hat der Papa gesagt und angefangen, ein Etikett zu schreiben. »Joooossseeefffff, je Kiiiiilogrammmm dreeeiiiii Euuuro«, hat er dabei vor sich hingemurmelt.

»Nein!«, hat der Josef da geschrien. »Ich will aber nicht verkauft werden!« Er ist lachend aus der Kiste gesprungen und weggerannt.

Dann war ich an der Reihe: Ich durfte auch Gemüse sein! Das war so lustig, das hätte ich am liebsten die ganzen Ferien gespielt.

Aber leider mussten wir dem Papa danach versprechen, dass wir ihn jetzt fertig arbeiten lassen. »Okaaaay, aber heute Abend bist du unser Gemüse!«, haben wir ihm gedroht und schon mal angefangen, ein Etikett zu schreiben.

! MERKE Mit »Gärtner« ist in der Regel nicht »Kindergärtner« gemeint. Aber dafür verkauft der Papa uns auch nicht auf dem Markt.

30

EIN INSEKTEN-HOTEL BASTELN

Insekten tun viel Gutes für die Natur – und damit für uns. Vor allem in den Städten fehlt ihnen aber oft der richtige Platz zum Leben. Du kannst ihnen helfen, indem du ihnen einen Wohnort baust. Insekten brauchen aber nicht nur Brutplätze, sondern müssen auch Nahrung finden.

DU BRAUCHST

- Eine große, leere Konservendose
- Füllmaterial
- Hammer
- 1 langer Nagel
- ein Stück Draht oder festen Bindfaden

❋ Zum Beispiel Bambusstäbe, dünne Zweige oder hohle Stängel von der Wiese oder dem Feld. Die Zweige und Stängel gut trocknen lassen, dann auf die Länge der Konservendose zuschneiden.

1 Mit dem Hammer und dem Nagel ein Loch in den Dosenboden klopfen. Draht oder Bindfaden durchziehen und damit eine Befestigung für das Insektenhotel basteln.

Äste + Zweige richtig FEST in die DOSE stecken!

2 Jetzt das Füllmaterial dicht an dicht in die Dose stecken, die hohlen Stängel mit der Öffnung nach vorne. Die Äste sollen richtig fest in der Dose klemmen, damit Vögel sie nicht herausziehen können.

3 Finde einen trockenen Ort für das Insektenhotel auf dem Balkon, im Garten oder im Hinterhof.

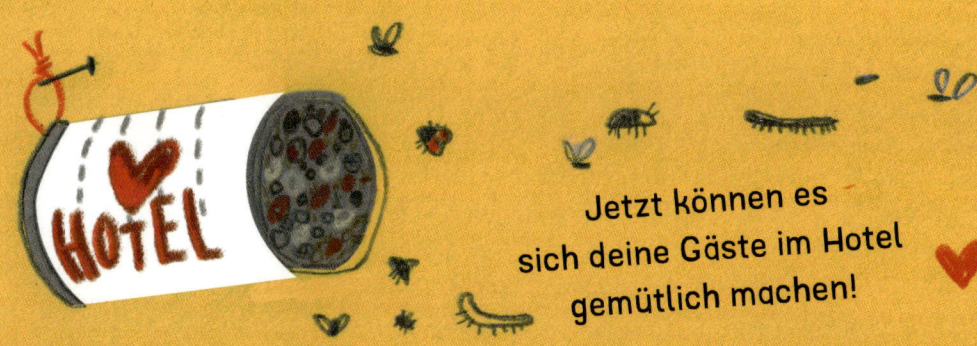

Jetzt können es sich deine Gäste im Hotel gemütlich machen!

TIERE IN DER GÄRTNEREI
NÜTZLINGE & SCHÄDLINGE

In der Gärtnerei gibt es nicht nur Pflanzen, sondern auch Tiere. Die Mizzie, das ist eh klar. Aber auch solche, die man auf den ersten Blick nicht sieht. Manche davon machen den Gärtner*innen das Leben schwer, und andere sind regelrechte Mitarbeiter. Hier eine kleine Vorstellungsrunde:

Hummeln und Bienen
Damit überhaupt Obst und manche Gemüsesorten wachsen, müssen ihre Blüten bestäubt werden. Das übernehmen beim Obst meistens Bienen, beim Gemüse Hummeln. In die Gewächshäuser werden deswegen im Frühjahr Schachteln mit Hummeln gestellt, damit aus jeder Blüte eine Frucht wird.

Regenwürmer
Regenwürmer sind sehr wichtig für einen gesunden Boden. Sie graben und fressen praktisch die ganze Zeit und halten den Boden dadurch locker und nährstoffreich.

Marienkäfer
Auch Marienkäfer sind Helfer für die Gärtner*innen, weil sie als Larven gerne Läuse fressen. Und zwar jede Menge.

Schlupfwespen
Schlupfwespen sind die natürlichen Feinde von Blattläusen. Das machen sich die Gärtner*innen zunutze und bringen absichtlich Schlupfwespen in die Gewächshäuser. Schlupfwespen schaden nämlich nur den Läusen, nicht dem Gemüse.

Katze
Wo eine Katze wohnt, ist es für Mäuse, Ratten und andere Gemüsediebe nicht so gemütlich, weil sie ständig auf der Hut sein müssen. Und Gärtner und Gärtnerkinder haben so einen kuscheligen Mitbewohner. Sehr praktisch.

klein & gemein:
die Milbe

WANTED

GESUCHT!

VIEL-
fraß

fiese
BANDE

auf
FRISCHER
TAT ertappt!

Schnecken

Schnecken können alles kurz und klein fressen und sind deshalb gar nicht gern gesehen in einer Gärtnerei. Die Gärtner*innen versuchen sie mit allen erdenklichen Mitteln von ihrem Gemüse fernzuhalten.

Kartoffelkäfer

Wie der Name schon sagt, frisst der Kartoffelkäfer gerne Kartoffelblätter. Er kann innerhab kurzer Zeit ganze Felder kahl fressen. Aber auch Auberginen schmecken ihm.

Milben

Milben sind sehr klein, können Pflanzen aber ganz schön zusetzen, indem sie ihre Mundwerkzeuge in die Pflanze bohren und ihr den Saft aussaugen. Die Pflanze wird dadurch geschwächt und vertrocknet.

Läuse

Läuse ernähren sich von Pflanzensaft, den sie mit ihrem Stechrüssel aus den Pflanzen saugen. Auf dem klebrigen Belag, den sie hinterlassen, siedeln sich gerne Pilze an. So schaden sie der Pflanze gleich doppelt!

Mäuse

Mäuse gibt es nicht nur auf dem Feld, sondern auch drinnen. Dort fressen sie Gemüse an, das für den Winter eingelagert ist, und machen außerdem Dreck, der in Lebensmitteln nichts zu suchen hat.

Pilze

Ein Pilz ist zwar kein Tier, aber trotzdem ein Lebewesen, das Pflanzen schaden kann. Es handelt sich hier nicht um Speisepilze, sondern z.B. um Mehltau, ein weißer oder gelber Belag auf Blättern. Mit minikleinen Saugnäpfen entzieht der Pilz der Pflanze Wasser und Nährstoffe.

Hasen und Rehe

Im Freiland gibt es wilde Tiere wie Hasen und Rehe, die gerne frischen Salat, Karotten etc. fressen. Sie können so auf den Feldern viel kaputt machen. Angeknabberten Salat kauft einfach niemand gerne.

Affen gibt's gar nicht in einer Gärtnerei? Na, dann lies mal die nächste Geschichte!

UND AFFEN?

AFFENHITZE!

Heute ist es so heiß gewesen, dass die Alma und ich in der Schule hitzefrei bekommen haben. Beim Heimgehen mussten wir sogar unsere Sandalen ausziehen und unsere Füße zwischendurch im Bach abkühlen. Sonst wären sie, glaube ich, geschmolzen, und wir hätte die Sandalen nie mehr abbekommen.

Als wir heimgekommen sind, ist niemand da gewesen. Den Papa haben wir heute eh noch nicht gesehen, der muss zur Zeit so früh aufstehen, dass wir ohne ihn frühstücken. Und die Mama ist auch nicht da gewesen, weil die kann ja nicht riechen, dass wir Hitzefrei bekommen haben.

Naja, dass sie das nicht riechen kann ist ja klar, aber dass sie es nicht gespürt hat, lag wahrscheinlich an ihrem **Super-Hitze-Trick.**

Mamas Super-Hitze-Trick geht so: Vor der Malerei den großen Sonnenschirm aufspannen und alle Jalousien runterlassen. »So bleibt es innen schön kühl«, hat die Mama uns schon oft erklärt.

Wir sind also zu ihr in die Malerei gelaufen, und als wir die Tür aufgemacht haben, ist die Mama in Bikinihose und T-Shirt am Schreibtisch gesessen und hat sich mit ein paar Notizblättern Luft zugefächelt: »Hitzefrei? Das hätte ich auch gern!« Ich glaube, ihr Super-Trick hat heute nicht so gut funktioniert!

Mittags haben wir nur Melone und Joghurt gegessen, mehr hat eh keiner reingekriegt. Der Papa ist vorbeigekommen und hat sich auch ein Stück Melone geschnappt und seine Wasserflasche wieder aufgefüllt. »Was glaubt ihr, die wievielte Flasche das heute ist?« Das fragt der Papa gerne. Ich glaube er ist ganz stolz darauf, wie viel Wasser er trinken kann. Und er kann wirklich viel Wasser trinken,

für pflanzen ↓

für Menschen

im Sommer manchmal sechs Liter!

»Weil ich bei der Hitze so viel schwitze«, sagt er dann immer. Die Alma und ich haben aus diesem Papa-Satz schon mal ein kleines Lied gemacht. Das ging so:

»Weil ich bei dieser Affen-Hitze wie ein Hitze-Affe schwitze, mach ich so coole Affen-Witze!«. Dazu haben wir dann getanzt, mit gebogenen Beinen, und uns mit den Händen unter den Achseln gekratzt.

Da, wo wir uns beim Affenlied unter den Armen gekratzt haben, sind beim Papa im Sommer immer große Schwitze-Flecken im T-Shirt. Ich glaube, irgendwo müssen die sechs Liter wohl wieder raus.

Nach dem Affentanz war uns heute zwar nicht zumute, dafür war es viel zu heiß! Aber ein bisschen Affen-Spielen ging schon. In der Werkstatt haben wir uns die alten Gärtnerhüte geholt, die Papa und Oleg zu löchrig geworden sind. Mit Gärtnerhut brennt einem die Sonne nämlich nicht ganz so stark auf den Kopf. Und als Affe ist man unweigerlich viel in der Sonne.

Immer wenn Papa und Oleg mit den Schubkarren vom Feld gekommen sind, haben wir sie mit Affengekreische empfangen und sie umkreist und so lange gebettelt, bis sie uns eine Gurke oder Paprika in den Mund gesteckt haben. Dann sind die Affen ganz glücklich abgezogen und haben ihr Gemüse ge-knabbert und sich das Fell gekratzt und sind ein bisschen im Baum rumge-klettert. Aber unter so einem Affenfell wird einem natürlich sehr heiß. Da haben sogar die Gärtnerhüte nichts mehr genützt. Und Papa und Oleg sind auch nicht mehr vorbeigekommen.

Melonen sind eigentlich Gemüse. **LUSTIG, oder?**

Da hat mich der Alma-Affe angetippt und auf die Kühlung gezeigt und

»Uhh-uhhh-uhhh«, gesagt.

Ich hab genickt und »Uhh-uhhh-uhhh«, geantwortet,

und schnell, wie Affen eben sind, sind wir zur Kühlung gesprungen. Affen sind ja auch schlau, deswegen haben wir auch die Kühlungstür ganz schnell aufbekommen. Ahhhhh, war das angenehm! Die Melonenkiste haben wir auch gleich gefunden. Und das Beste: Die Melonen waren gekühlt!

Dumm nur, dass Affen keine Messer haben, um Melonen aufzuschneiden …

Da ist die Tür aufgegangen, und die Mama ist reingekommen, immer noch mit rotem Gesicht. »Na, ihr zwei, wie ist das Affenleben?«, hat sie gefragt und die Tür hinter sich zugezogen. »Ich muss mich auch mal kurz ein bisschen abkühlen. Das ist heute ja nicht zum Aushalten.«

Sie hat sich zu uns gesetzt. Wir haben auf die Melone gezeigt und »Uhh-uhhh-uhhh« gesagt und versucht, der Mama zu zeigen, dass wir die essen wollen.

Da hat sich schon wieder der Türgriff bewegt. In der Tür stand der Papa und hat gestutzt. »Na, wen hab ich denn hier?«, hat er gelacht und nach einer Wasserflasche gegriffen. Auf einen Zug hat er sie halb leer getrunken und gesagt: »Ich glaub, jetzt haben wir alle hitzefrei, oder? Ab mit uns an den See! Und vielleicht hat ja auch der Eisstand auf?!« So was lassen sich Affen natürlich nicht zweimal sagen! Eis lieben sie nämlich noch mehr als Melonen.

! MERKE Im Sommer ist die Kühlung immer voll. Manchmal nicht nur voller Gemüse.

Und **BEEREN** zupfen wir von den Sträuchern

ESSBARE BLÜTEN

Wusstest du, dass es Blüten gibt, die nicht nur schön ausschauen, sondern auch essbar sind? Probier's mal aus!

1

1 Gänseblümchen und Kapuzinerkresse passen gut zu Salaten und aufs Butterbrot.

2 Mit Lavendelblüten kann man Kuchen verzieren ...

3 ... und Kamille schmeckt als Tee.

OBACHT!

Pflücke die Blüten nur, wenn du sie wirklich kennst. Achte darauf, dass sie an einem sauberen Ort wachsen oder biologisch angebaut sind. Hundekacke, Spritzmittel und Autodreck will niemand im Essen haben!

4 Gänseblümchen, Rosenblütenblätter und Lavendelblüten in Eiswürfeln: Damit kannst du deine Limo kühlen!

FESTE & GÄSTE

Gestern waren wir auf dem Geburtstag vom Ferdi eingeladen. Der Ferdi ist
ein Freund vom Josef und mir. Ferdis Eltern sind Freunde von Mama und
Papa. Das ist natürlich sehr praktisch, weil so freuen sich immer alle, wenn wir
uns treffen. Aber ihr glaubt nicht, wer außer uns noch zu Gast war!

Wartet, ich erzähl's euch:

Vor ein paar Wochen war bei uns in der Gärtnerei auch ein Fest, das Herbstfest. Mama und Papa haben alle Leute eingeladen, die sie kennen, oder naja,
nicht **ALLE,** aber ziemlich viele. Und natürlich auch den Ferdi und seine Eltern.
Sogar unseren Nachbarn, den Herrn Freundl, haben sie eingeladen. Der ist aber
nicht gekommen. So richtig gewundert hat uns das nicht, weil der ist immer so
grantig, dass wir ihn heimlich Herrn Grantl nennen.

Na, auf jeden Fall ist es auf dem Herbstfest immer richtig schön.

Mama und Papa haben ganz viel zu essen gemacht, irgendetwas aus fast jedem
Gemüse, das es gerade gab – und im Herbst gibt es ja beinah alles!

Gefüllte Paprika, Tomatensalat, Kürbisaufstrich ... Der Josef und ich haben
dann auch richtig reingehauen, nur der Ferdi und die anderen Kinder haben sich
mehr an das Kuchenbuffet gehalten und sich auf jedes Kuchenstück noch einen
extra Berg Schlagsahne gelöffelt. Aber bei den Getränken waren wir uns einig:
Wir haben alle so viel Waldmeister-Limo getrunken, wie nur reinging!

Mit Eiswürfeln mit richtigen Gänseblümchen drin!

Räuber und Gendarm spielen, Kasperltheater, Lagerfeuer und Traktorfahren –
darüber waren wir uns auch einig.

Am besten hat mir das Traktorfahren gefallen. Also, der Papa ist Traktor gefahren, und wir durften auf die Ladefläche klettern und dort sitzen und uns über die holprigen Wege durch die Gärtnerei fahren lassen. Das war ganz schön huckelig und ruckelig, und wir wurden ordentlich durchgeschüttelt, aber das war ja genau das Lustige!

Als wir beim Gurken-Gewächshaus angekommen sind, hat der Papa den Motor ausgemacht, und alle durften absteigen, sich eine Gurke pflücken und mitnehmen.

Auf einmal kam der Ferdi mit einer Gurke an, die er am Rand auf dem Boden gefunden hatte. Das war aber keine normale Gurke, das war eine Riesen-Gurke. Die war fast halb so groß wie der ganze Ferdi! »Kann ich die haben?«, hat er den Papa gefragt.

Der Papa hat gelacht. »Ja, die kannst du haben! Die ist uns zu groß geworden, und zu große Gurken kauft keiner mehr.«

Das haben wir zwar alle nicht verstanden, weil warum soll man denn keine großen Gurken kaufen, aber der Ferdi hat gestrahlt wie ein Gurkenkönig.

Dann hat der Papa die kleineren Kinder auf die Ladefläche gehoben, und wir sind zurück zum Fest gefahren. Wie wir so hin- und hergeschaukelt sind, bin ich richtig schön glücklich geworden. Weil ich das Herbstfest so mag und weil der Papa so riesige Gurken anpflanzt und weil er mit zwanzig Kindern Traktor fahren kann und, und, und ... einfach so halt.

Aber was hat das jetzt alles mit der Geburtstagsfeier vom Ferdi zu tun?
Und wer war der geheimnisvolle Gast?
Also, das war so: Wie wir zwei Wochen später beim Ferdi ins Wohnzimmer gekommen sind und uns an den Tisch zum Kuchenessen setzen wollten, saß da schon jemand, den wir vom Herbstfest kannten:
die Riesengurke! Sie hatte einen eigenen Stuhl und einen Teller vor sich stehen und sogar ein Partyhütchen auf.

Der Josef und ich haben den Mund vor lauter Staunen nicht mehr zubekommen.
Ferdis Mama hat uns erzählt, wie das war mit der Riesengurke: Auf dem Herbst-
fest ist der Ferdi damals mit der Gurke im Arm am Lagerfeuer eingeschlafen.
Und er hat sie auch im Arm behalten, als ihn sein Papa spät in der Nacht zum Auto
getragen hat. Und ab dann wollte der Ferdi die Gurke nicht mehr hergeben.
Aber eine Gurke am Geburtstagstisch?
»Ja klar, das ist meine Kuschelgurke!«, hat der Ferdi gesagt, als wäre das das
Normalste auf der Welt. »Die Mama wollte sie schon auf den Kompost tun, nur
weil sie ein paar Matsche-Stellen hat!«, hat er sich empört. Die Gurke durfte aber
natürlich nicht auf den Kompost, sondern der Ferdi hatte ihr liebevoll Pflaster
über die weichen Stellen geklebt.
»Na, warum nicht!«, hat der Josef gesagt, und wir haben uns angegrinst.
Dann haben wir uns zwei große Stücke Geburtstagskuchen genommen. Und der
Riesengurke haben wir auch ein Stück auf ihren Teller gelegt.
»Mit Sahne?«, hat der Josef sie gefragt.

! MERKE Auch Nicht-Gärtner-Kinder mögen Gemüse.
Man muss es ja nicht gleich essen!

MINI Anleitung

Ferdis Gurke wird leider bald wirklich auf den Kompost müssen.
Aber anderes Gemüse kann man wieder wachsen lassen.
Z. B. Frühlingszwiebeln, Salat aus Strünken oder Fenchelgrün.

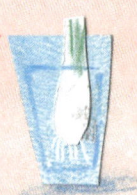

Das untere Ende von Frühlingszwiebeln in ein Glas Wasser stellen.

Schon nach wenigen Tagen treiben die Frühlingszwiebeln Wurzeln.

Nach 1-2 Wochen kannst du sie in einen Topf mit Erde umpflanzen.

SEED-BOMBS

Seedbombs sind ein tolles, selber gemachtes Geschenk. Oder etwas, das man bei der nächsten Geburtstagsfeier gemeinsam basteln kann. Ein schönes Gebatzel sind sie auf jeden Fall! Raus kommen Erd-Samen-Kugeln, mit denen du auch in den grausten Ecken deiner Stadt Blumen wachsen lassen kannst!

1 Mische die Samen unter die Erde bzw. den Kompost.

DU BRAUCHST

- 2 EL verschiedene Samen, z.B Lavendel, Tagetes oder Ringelblume
- 2 Tassen Erde oder Kompost
- 1 Tasse Tonpulver
- Ein wenig Wasser

2 Rühre das Tonpulver ein und gib nur so viel Wasser dazu, dass eine feste Masse entsteht.

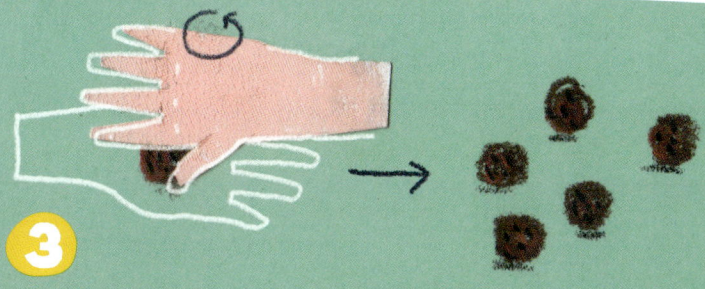

3 Forme daraus mit den Händen walnussgroße Kugeln und lasse sie 1- 2 Tage trocknen.

FERTIG!

Wirf die Seedbombs dahin, wo die Stadt sie am nötigsten hat und ihr ein paar Blumen gut stehen würden!

SAISON KALENDER

Der Ausdruck »Saison« bezeichnet einen wiederkehrenden Zeitabschnitt eines Jahres.

Findest du drei Gemüse-sorten, die im Winter geerntet werden?

RADIESCHEN
März bis Oktober

BASILIKUM
April bis Oktober

THYMIAN
Mai bis Oktober

KARTOFFELN
Juni bis Oktober

ZUCCHINI
Juni bis Oktober

SPARGEL
April bis Juni

KOHLRABI
Mai bis Oktober

GURKEN
Juni bis September

SPINAT
März bis Mai,
September und Oktober

SALAT
Mai bis Oktober

ZWIEBELN
Juni bis Oktober

ERDBEEREN
Juni bis September

JOHANNISBEEREN
Juni bis August

44

Ob ein Obst oder Gemüse gerade Saison hat, liegt auch an den Jahreszeiten. Im Winter ist es den meisten Pflanzen bei uns zu kalt (aber nicht allen!). Dafür ist im Sommer und Herbst richtig viel reif. Hier kannst du sehen, zu welcher Zeit man welches Gemüse oder Obst ernten kann.

KAROTTEN
Juni bis November

FELDSALAT
Oktober bis April

KOHL
Juli bis November

BOHNEN
Juli bis Oktober

KÜRBIS
August bis November

LAUCH
Juli bis April

TOMATEN
August bis Oktober

SELLERIE
Juli bis November

CHICORÉE
Oktober bis März

HIMBEEREN
Juli bis September

PAPRIKA
August bis Oktober

Es gibt Gemüse, das sich lange hält und so für den Winter eingelagert werden kann. Siehe Tipp 8 auf Seite 56!

ÄPFEL
Juli bis November

ROSENKOHL
Oktober bis März

DIE SELLERIE-EXPERTEN

Jeden Samstag fährt der Papa auf den Markt und verkauft dort sein Gemüse. Er nimmt alles Gemüse mit, das gerade wächst.

Und uns nimmt er auch manchmal mit. Wir helfen ihm dann ein bisschen, und wenn uns das Helfen zu langweilig wird, spazieren wir über den Markt und schauen, was die anderen Marktleute so verkaufen. Am liebsten gehen wir zum Käsestand, weil der immer so Probierschälchen hat mit kleinen Käsewürfeln drin. Die darf man mit einem Zahnstocher aufpiksen und essen. Einfach so!

Und die Käsefrau lacht uns immer so lustig an, die ist wirklich nett. »Na, ihr seid mir ja eine große Hilfe!«, sagt der Papa dann, wenn wir zurückkommen.

Und genau daran musste ich denken, als sich der Papa letzten Samstag beklagt hat, dass ihm auf dem Markt zu viel Sellerie übrig geblieben ist.

Also, an die Käsewürfel musste ich denken.

»Schmeckt den Leuten denn kein Sellerie mehr?«, hat sich der Papa beschwert.

»Papa! Du musst den Sellerie auch in kleine Würfel schneiden, wie die Käsefrau. Und die Leute dürfen probieren! Dann merken sie, dass dein Sellerie super schmeckt!«, hab ich gerufen.

Der Papa hat gelacht. »Hmmm, Josef, roh schmeckt Sellerie den meisten Leuten nicht so gut, und außerdem ist mir das viel zu viel Arbeit. Mein Kopf ist schon voll genug! Alles einladen, nix vergessen, hinfahren, Marktstand aufbauen, verkaufen, Kasse machen und der ganze Kram.«

Ach menno.

SELLERIE-PÜREE!

Aber die Alma war sofort von meiner Idee begeistert! »Doch, Papa, wir helfen dir dieses Mal wirklich! Dann machen wir eben Selleriepüree, und die Leute dürfen probieren, und dann werden sie ganz viel Sellerie kaufen!« Der Papa war immer noch nicht überzeugt. Aber als die Mama dann gesagt hat, dass sie auch mithilft, konnte er nix mehr machen.

Die Alma und ich haben ein großes Plakat gemalt, auf das wir geschrieben haben: »Probieren Sie das beste Selleriepüree vom ganzen Markt! **Wir sind die Sellerie-Experten.**«

Zusammen mit der Mama haben wir einen Tag vor dem Markt einen großen Topf voll Sellerie gekocht. »Dann ist der Sellerie morgen schon weich, und wir müssen ihn nur nochmal aufkochen, zu Püree stampfen und Sahne dazutun«, hat die Mama gesagt. Und dann mussten wir noch einpacken: den großen Camping-Gaskocher, Salz, Pfeffer, Löffel, Servietten, Geschirrtücher, eine Tischdecke und den Schöpflöffel. Und das Plakat durften wir auch nicht vergessen.
Und wo waren jetzt nochmal unsere Schürzen? Da hab ich, glaub ich, gespürt, wie sich Papas voller Kopf anfühlt. Sehr voll nämlich.

Auf dem Markt konnten wir es kaum erwarten, dass die ersten Kunden kommen. »Wollen Sie unser Selleriepüree probieren?«, haben wir jeden gefragt. Und die Alma ist vor dem Stand auf- und abgelaufen und hat gerufen: »Selleriepüree! Marktbestes Selleriepüree!«
Aber die ersten Kunden wollten alle nicht. »Wir haben grade erst gefrühstückt«, haben sie gesagt. Oder: »Selleriepüree am Morgen? Ich brauch erstmal 'nen Kaffee!«

EXPERTEN wissen

KNOLLENSELLERIE ist eine Knolle, die halb unter der Erde wächst. Man kann ihn gut für Pürees und Suppen verwenden.

Vom **STAUDENSELLERIE** isst man die Stiele und Blätter. Obwohl beide »Sellerie« heißen, sind es zwei verschiedene Pflanzen.

Staudensellerie

CHICORÉE ist ein Salat, der leicht bitter schmeckt. Er wächst in der kalten Jahreszeit und mag es gerne dunkel. Deswegen ist er im Laden oft in Papier eingeschlagen.

CHICORÉE mag es DUNKEL

Chicorèe

Na, das ging ja gut los.

Vielleicht schmeckt den Leuten wirklich kein Sellerie mehr?

Die Mama hat gesagt, wir sollen ein bisschen Geduld haben. Aber ich hab mich gar nicht mehr getraut, die Leute zu fragen, sondern hab mich einfach zu unserem Plakat gesetzt. Und die Alma hat auch nicht mehr ganz so laut gerufen wie am Anfang.

Genau als die Alma sich neben mir auf den Boden sinken hat lassen, kam die Käsefrau von ihrem Stand herüberspaziert und hat uns angestrahlt: »Na?! Bekomme ich heute mal von euch was zum Probieren?«, hat sie gefragt.

Die Alma ist in die Luft gesprungen: »Ja, klar! Ich hole Ihnen einen Löffel und eine Serviette!«

Und die Mama hat zu mir gesagt: »Josef, reichst du mir mal ein Schüsselchen?« Das hätte ich natürlich auch gerne gemacht, immerhin hatten wir unsere erste Kundin. Nur, in unserem Korb waren keine Schüsselchen!

Oh, nein, wir hatten die Schüsselchen vergessen!

Wir haben die Mama fragend angeschaut, und die Mama hat ganz verdutzt zurückgeschaut. »Na, dann müssen wir jetzt improvisieren!«, hat sie gesagt und mit den Schultern gezuckt. Und dann hat sie sich einen Chicoréesalat geschnappt und ein Blatt abgetrennt. Habt ihr schon mal Chicorée gesehen? Die Blätter schauen aus wie kleine Schiffchen, und in dieses Schiffchen hat die Mama dann eine Portion Selleriepüree gelöffelt. Das waren jetzt also unsere Schüsselchen!

Vorsichtig hab ich der Käsefrau ein Schiffchen mit Selleriepüree gereicht, und sie hat sich einen Löffel davon in den Mund geschoben. Zuerst hat sie ihre Lippen gespitzt und sie langsam von links nach rechts bewegt, dann hat sie nach schräg oben geschaut. Und als sie endlich runtergeschluckt hat, hat sie feierlich gesagt: »Meine beiden Käsefreunde sind also auch noch Sellerie-Experten! Und die Idee mit dem Chicorée ist formidabel!«

Dabei hat sie ihr Chicorée-Schüsselchen in die Luft gehoben und so getan, als würde sie der Mama mit einem Sektglas zuprosten. Wir sind in die Luft gehüpft und haben unsere Arbeit wieder aufgenommen. Und ab dann gingen unsere Sellerie-Schiffchen richtig gut weg. Auf einmal hatten wir alle Hände voll zu tun. Als wir am Nachmittag eingepackt haben, hatte der Papa keinen einzigen Sellerie mehr. Und der Chicorée war auch ausverkauft.

! MERKE Wir können dem Papa eben doch helfen, und gegen Vergesslichkeit hilft im Notfall Chicorée.

KRÄUTER & SAMEN
TROCKNEN

Wenn man sich im Sommer ein paar Kräuter trocknet, hat man im Winter tolle Tees und Gewürze, die einem ein bisschen Sommergefühl bringen.

1 Wickle eine Schnur um einen Kräuterbund und hänge ihn an einen trockenen Ort.

Geht zum Beispiel gut mit Thymian, Salbei, Rosmarin

KRÄUTER TROCKNEN

2 Wenn die Blätter trocken sind, zupfe oder streiche sie von den Zweigen.

3 In kleinen Gläsern halten sich die Kräuter gut, und man kann sie immer wieder als Gewürz oder Tee benutzen.

SAMEN TROCKNEN

Oder du trocknest die Samen deiner Lieblingspflanze und kannst sie damit nächstes Jahr neu anpflanzen!

1 Kratze die Samen mit einem Löffel aus einer Frucht. z.B. Kürbis oder Tomate

2 Streiche die Samen auf ein Blatt Papier und lasse sie gut trocknen. Bewahre sie dann in einem Glas auf.

3 Im Frühling kannst du die Samen aussäen, und eine neue Pflanze wächst daraus!

STURM-SALAT!

Von Alma und Josef habt ihr ja schon viel gehört. Aber jetzt will ich euch mal was erzählen, der Papa. Diese Geschichte **können** euch die beiden gar nicht erzählen, weil sie nicht dabei waren. Sie waren nämlich zum Übernachten bei der Oma. Und ihre Mama, die Lene, war mit ihrer Freundin Marta verabredet und hat sich auch von Wind und Kälte nicht davon abbringen lassen, in die Stadt zu fahren.

Ich war also ganz allein in der Gärtnerei. Das ist manchmal auch ganz schön, weil dann hab ich meine Ruhe und muss **NIX** machen. Im Winter ist eh alles viel ruhiger, und in der Gärtnerei ist nicht so viel zu tun wie im Sommer. Es ist die Zeit, wo alles schläft. Die Tiere in ihren Höhlen und Nestern, die Zwiebeln unter der Erde, die Mizzie auf ihrem Kissen. Und wie ich so über den Winter nachgedacht hab, musste ich gähnen und bin selber ganz müde geworden und hab beschlossen, heute richtig früh ins Bett zu gehen.
Nichts tun und unter meiner großen warmen Zudecke liegen – hach, war das gemütlich! Ich war noch nicht ganz eingeschlafen, da hat eine Windböe am Fenster gerüttelt, und ich bin hochgeschreckt: »Oh Gott! Ich habe vergessen, den Feldsalat zuzudecken! Es wird heute Nacht viel zu kalt!«
Mit einem Satz bin ich aus dem Bett gesprungen, hab mir die Winterjacke übergeworfen, den Schal um den Hals gewickelt und jeden Fuß in einen Winterstiefel gesteckt. Aber wo war nur die Stirnlampe? Ich hab gesucht und gesucht, hab sie aber nicht gefunden. Ich konnte sie auch gar nicht finden,

Ein VLIES ist eine Stoffbahn, mit der man Pflanzen zudecken kann.
Sie bekommen trotzdem noch Licht und Luft,
haben es aber wärmer.

Mit KIESSÄCKCHEN verhindert man,
dass die Vliese wegfliegen.

die haben nämlich Alma und Josef mit zur Oma genommen, damit sie unter der
Bettdecke noch heimlich lesen können. Aber das hab ich ja nicht gewusst.
Ich bin also ohne Licht losgelaufen. Es war stockfinster, und ich bin auf meinem
Weg Richtung Feldsalat-Feld mehrfach gestolpert und ins Rutschen gekommen.
Es war popo-glatt, wie Alma gesagt hätte.
Der Wind war stark, außerdem hat es noch angefangen zu schneien.
Die Schneeflocken sind mir in die Augen geweht, und ich konnte fast nichts
sehen, aber ich habe den Feldsalat gefunden!
Der Sack mit den Vliesen ist noch am Zaun gelehnt, an dem ich ihn heute Nachmittag stehen gelassen hatte. Schnell hab ich mehrere Vliese ausgebreitet,
aber es war unmöglich, sie über die Feldsalatreihen zu spannen. Der Sturm hat
sie sofort wieder in die Luft gehoben und mit den riesigen Vliesen gespielt, als
wären sie Fähnchen an einem Fahrradlenker. Jedesmal, wenn ich ein Ende mit
einem Sack voller Kies beschwert hab, hat der Wind eine andere Ecke wieder
freigezupft. Ich hab gezogen und gezerrt, aber der Wind war stärker.

Da hab ich einen sanften Lichtschein auf dem Nachbargrundstück gesehen.
Wahrscheinlich sitzt der Herr Freundl in seinem Lesesessel und amüsiert sich
prächtig über mich, hab ich gegrummelt. Das würde zu ihm passen. Haben Alma
und Josef erzählt, wie wir den Herrn Freundl heimlich nennen?
Ja, genau: Herrn Grantl.

Ich war jedenfalls verzweifelt. Was sollte ich denn jetzt machen? Wisst ihr, so eine Nacht überleben die Feldsalatblättchen nicht ohne Vliesdecke!

Aber was war das? Ein zweites Licht ist auf mich zugekommen, der Strahl einer Taschenlampe.

Ich hab meinen Augen nicht getraut und mir vorsichtshalber nochmal die Schneeflocken aus dem Gesicht gerieben, aber ich hab ihn eindeutig erkannt: der Grantl kam auf mich zugestapft.

»Guten Abend, scheußliches Wetter heute, was?«, hat er gerufen. »Soll ich da eben mal mit anpacken?«

Ich hab meinen Mund gar nicht mehr zubekommen, geschweige denn ein Wort rausgebracht. Ich hab einfach nur genickt.

Ohne ein Wort zu reden, haben wir ein Vlies nach dem anderen über die Feldsalat-reihen gespannt. Der Wind hat gezerrt und gerüttelt, aber wir haben nicht losge-lassen. Nach einem ganzen Stück Arbeit haben wir alles so fest mit Kiessäckchen beschwert gehabt, dass der Sturm keine Chance mehr hatte. Ich hab mich noch mal heimlich nach unten gebückt und über ein paar Feldsalatblättchen gestreichelt. **»Jetzt habt ihr's auch schön warm«**, hab ich ihnen zugeflüstert.

Der Grantl hat mich komisch angeschaut, und ich hab mich schnell geräuspert und mit extra tiefer Stimme gefragt: »Lust auf ein Feierabend-Teechen, Herr Freundl?«

Das hätte ich mir auch nicht denken lassen, dass ich mal mit dem Grantl auf meinem Feierabendbänkchen sitzen und einen Tee trinken würde.
Hat sich aber gar nicht so schlecht angefühlt.

MERKE Man kann sich seine Nachbarn nicht aussuchen, aber ein Feierabendtee schmeckt zusammen doch besser.

Und hier gibt's noch mehr Feldsalat!

WINTER REZEPTE

Gemüse zu essen, das gerade bei uns wächst, schont die Umwelt. Das Gemüse muss dann nicht erst von weit her zu uns transportiert werden. Und sogar im Winter wächst etwas, z. B. Feldsalat und Kerbel.
Anderes Gemüse kann gut gelagert werden, wie Sellerie, Weißkohl, Zwiebeln, Karotten und Kartoffeln.

BLECHGEMÜSE

Kürbis

Karotten

Kartoffeln

Zwiebeln

Knoblauch

Sellerie

1 Blech ölen und Gemüse halbiert mit der Schnittseite nach unten drauflegen.

2 Salzen, ein bisschen Öl darüberträufeln und bei 220°C für ca. 40 Minuten ins Backrohr schieben.

3 Dazu passt ein Joghurt-Dip. Dafür Joghurt mit etwas Salz und getrockneten Kräutern (s. Tipp 7 auf Seite 51) verrühren.

FELDSALAT

1 Feldsalat gut waschen und gelbe Blättchen entfernen. In die Salatschüssel geben.

2 Eine Salatsoße aus Essig, Öl, Salz, Pfeffer und einem Schuss Apfelsaft machen. Wer mag, streut noch Walnusskerne darüber.

GUTEN APPETIT!

TANNE IM TOPF

Einmal, an einem Sonntag vor Weihnachten, waren wir alle zuhause und haben Pfannkuchen gemacht. Der Papa hat die Eier aufgeschlagen, ich hab den Teig gerührt, und jeder durfte probieren, einen Pfannkuchen in der Luft zu wenden. Genau als der Josef seinen Pfannkuchen in die Luft geworfen hatte und Mama, Papa und ich ganz gebannt geschaut haben, ob ihm der Salto gelingt, ist die Tür aufgegangen.

Ein fremder Mann hat ohne anzuklopfen seinen Kopf zu uns in die Küche gesteckt. **»Haben Sie eine Tanne im Topf?«,** hat er gefragt. Wir sind alle zusammengezuckt, und wie es der Josef geschafft hat, dass der Pfannkuchen zumindest noch halb in der Pfanne gelandet ist, weiß ich wirklich nicht.

Der Papa hat sich umgedreht, die Hände an der Küchenschürze abgewischt und hat den Mann so angeschaut, dass ich nicht gerne der Mann gewesen wäre. Dann hat er frostig gesagt: »Nein, wir haben keine Tanne im Topf. Wir verkaufen Gemüse. Aber nicht am Sonntag. Und wie sind Sie hier überhaupt reingekommen?«

Der Mann hat etwas verdattert geschaut und gesagt: »Ähhh, durch die Tür, die war offen.«

Der Papa hat ihn rausbugsiert, und ich hab noch was von »privat« und »Sonntag« und so gehört. Der Josef und ich sind ans Fenster gelaufen und haben zugeschaut, wie der Mann in sein Auto gestiegen und weggefahren ist. Der Papa ist auf dem Hof gestanden, die Hände in die Seite gestemmt, und hat dem Auto lange nachgeschaut. Dann ist er kopfschüttelnd wieder reingekommen.

»Ist aber doch eigentlich schade, dass wir
keine Christbäume haben«, hat der Josef gesagt.

»Ich baue Gemüse an, keine Bäume«, hat der Papa gegrummelt.

Der Josef hat kurz überlegt. »Und was ist mit Christgemüse?«, hat er gefragt.

Der Papa hat nur zweifelnd geschaut, die Stirn gerunzelt und sich einen
Pfannkuchen mit Marmelade bestrichen.

Da kam dem Josef und mir fast gleichzeitig eine großartige Idee. Für die
Pfannkuchen hatten wir jetzt wirklich keine Zeit mehr!

Wir sind in die Kühlung gelaufen und haben rote Bete, Pastinaken, Karotten und
Kartoffeln eingepackt und sind schnell wieder zurückgelaufen. Dann haben wir
unser Bastelzeug geholt und losgelegt. Wir haben Flügel aus weißem Papier
geschnitten, haben Bärte aus Watte gezupft, Nikolaushüte aus rotem Karton
gebogen, Turbane aus Stoffstreifen gewickelt und schwarze Stecknadeln in
Augen verwandelt. Sogar kleine Heiligenscheine haben wir aus Goldpapier
gedreht. Zum Schluss hatten wir ein komplettes Weihnachts-Gemüse-Sortiment
mit Rote-Bete-Engeln, mehreren Nikoläusen und drei heiligen Kartoffelkönigen.
Sogar eine kleine Jesuskind-Möhre haben wir gemacht. Die ist uns so gut
gelungen, dass wir selber ganz gerührt waren.

Goldpapier

MINI
Anleitung

Stecknadeln

Obst und Gemüse

»Papaaaa! Wir haben dir Christgemüse gemacht! Wenn jetzt Leute nach 'nem Christbaum fragen, verkaufst du denen einfach das!«, hat der Josef ganz stolz gerufen.

»Heute verkauf ich gar nix«, hat der Papa gesagt. Ich glaube, er war immer noch schlecht gelaunt. Aber als Mama und Papa dann unsere Engelsschar und die heiligen Kartoffeln und die Jesus-Möhre gesehen haben, mussten sie doch sehr lachen.

Der Josef und ich wollten gerne, dass das Christgemüse als Schmuck an unseren Christbaum kommt. Aber die Mama hat gesagt, dass es viel zu schwer wäre und dass sie außerdem nicht gerne Kartoffeln und Möhren am Christbaum hängen hätte. Das konnten wir zwar gar nicht verstehen, weil das ja sehr gut zu einer Gärtnerei passen würde, aber die Mama ließ sich nicht überreden.

Den Adventskranz durften wir dann aber mit dem Christgemüse schmücken, und das war wirklich der schönste Adventskranz, den ich je gesehen hab.

! MERKE Am Sonntag will Papa nix von Arbeit wissen.
Und schon gar nichts von Pflanzen, die man nicht essen kann.

Tanne im Topf haben wir nicht. Tanne im Sonnenschirmständer aber schon!

MEISENKNÖDEL UND -STERNE

Weil Vögel vor allem in den Städten im Winter zu wenig zu fressen finden, kann man ihnen mit ein paar Körnern helfen. Und mit unserem Trick schaut das auch noch schön weihnachtlich aus!

DU BRAUCHST

- 250 g Kokosfett
- 350 g Körnermischung, z.B. Sonnenblumenkerne, Leinsamen, Haferflocken, Nüsse etc.
- Schnur
- große Plätzchenausstecher, z.B in Sternform

1 Das Fett und die Körnermischung bei Zimmertemperatur mit einer Gabel gut vermengen.

2 Die Ausstechformen flach auf ein Backblech legen. Die Schnur in ca. 20 cm lange Stücke schneiden und jeweils eine Schlinge in die Formen legen. Später werden das die Aufhängelaschen.

3 Jetzt die Fett-Körner-Paste mit einem kleinen Löffel in die Formen schmieren und dann an einem kalten Ort ganz aushärten lassen. Natürlich kannst du auch Meisenknödel formen!

4 Die Meisensterne vorsichtig aus den Formen drücken und draußen aufhängen. Finde einen schattigen Platz, damit sie nicht in der Sonne schmelzen.

Manche Leute schmücken so einen VOGEL-CHRISTBAUM für den Balkon!